Usborne Farmyard Tales

First French Word Book

Heather Amery

Illustrated by Stephen Cartwright

Edited by Jenny Tyler and Mairi Mackinnon

French language consultant: Lorraine Beurton-Sharp

Designed by Helen Wood and Joe Pedley

Cover design: Sarah Cronin

There is a little yellow duck to find on every double page.

Voici la ferme des Pommiers.

This is Apple Tree Farm.

Monsieur et madame Boot habitent ici avec leurs enfants, Poppy et Sam.

Mr. and Mrs. Boot live here with their children, Poppy and Sam.

Ils ont un chien qui s'appelle Rusty, et un chat, Whiskers.

They have a dog called Rusty, and a cat, Whiskers.

Ted travaille à la ferme. Il s'occupe des animaux.

Ted works on the farm. He looks after the animals.

Madame Boot

Monsieur Boot

Ted

Poppy

Sam

Rusty

Whiskers

Woolly

Curly

3

Les animaux de la ferme
Farm animals

la vache
cow

le veau
calf

le chien
dog

le cochon
pig

le petit
cochon
piglet

le mouton
sheep

l'agneau
lamb

le cheval
horse

l'âne
donkey

la chèvre
goat

le chat
cat

l'oiseau
bird

le canard
duck

le caneton
duckling

l'oie
goose

la souris
mouse

5

la maison
house

la cheminée
chimney

la montgolfière
hot air balloon

le vélo
bicycle

la voiture
car

le toit
roof

la porte
door

Voici la maison de Poppy et Sam.

This is Poppy and Sam's house.

la fenêtre
window

la palissade
fence

le portillon
gate

le nuage
cloud

la tente
tent

la rivière
stream

le bateau
boat

le poisson
fish

la grenouille
frog

le chemin
path

le pont
bridge

la meule de foin
haystack

l'épouvantail
scarecrow

la mare
pond

le lapin
rabbit

Au bord de la rivière

By the stream

Dans la cour

In the farmyard

Madame Boot lave la voiture.

Mrs. Boot is washing the car.

Poppy fait du vélo.

Poppy is riding her bicycle.

Regarde la montgolfière!

Look at the hot air balloon!

 la voiture

car

le vélo

bicycle

 la montgolfière

hot air balloon

le nuage

cloud

10

La rivière

The stream

Sam joue avec son bateau.

Sam is playing with his boat.

Poppy essaie d'attraper un poisson.

Poppy is trying to catch a fish.

La grenouille se cache.

The frog is hiding.

Un poisson saute hors de l'eau.

A fish is jumping out of the water.

la rivière
stream

le bateau
boat

le poisson
fish

la grenouille
frog

le pont
bridge

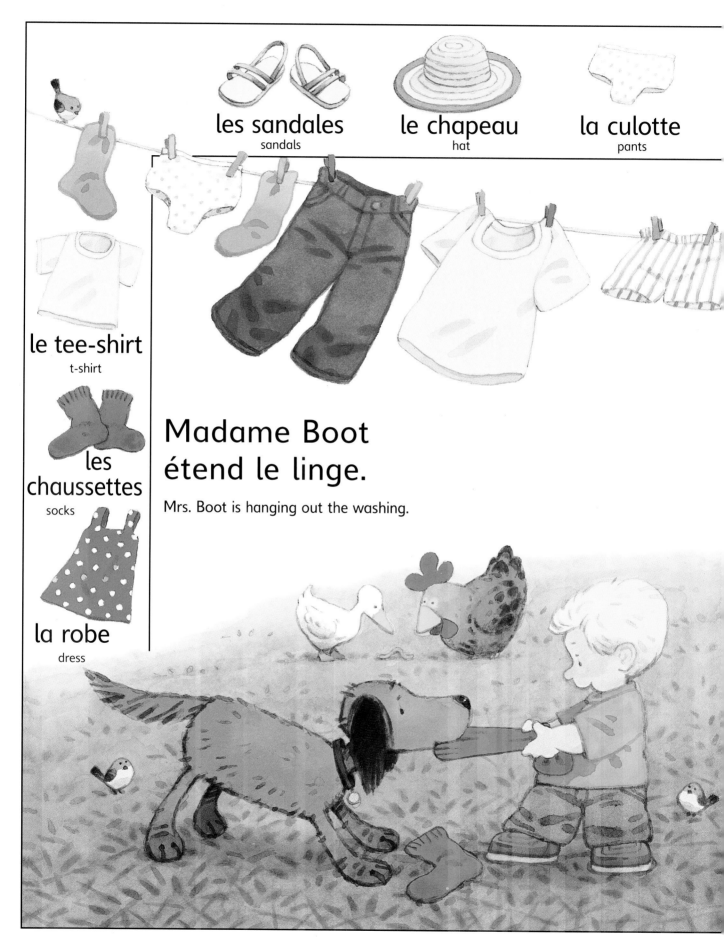

les sandales
sandals

le chapeau
hat

la culotte
pants

le tee-shirt
t-shirt

les chaussettes
socks

la robe
dress

Madame Boot étend le linge.

Mrs. Boot is hanging out the washing.

les chaussures
shoes

le sweat-shirt
sweatshirt

la chemise de nuit
nightshirt

le caleçon
shorts

le jean
jeans

la chemise
shirt

l'échelle
ladder

la pomme
apple

la feuille
leaf

la chenille
caterpillar

l'arbre
tree

le renard
fox

Poppy aide madame Boot à cueillir les pommes.

Poppy is helping Mrs. Boot pick the apples.

l'abeille
bee

le papillon
butterfly

la balançoire
swing

la fleur
flower

le scarabée
beetle

l'escargot
snail

15

Étendre le linge

Hanging out the washing

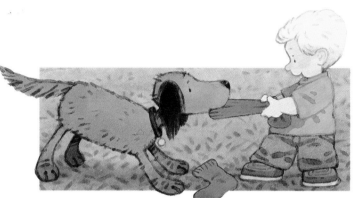

Rusty veut jouer avec une chaussette.

Rusty wants to play with a sock.

Le chat joue avec le chapeau.

The cat is playing with the hat.

Le jean de Sam est sur le fil.

Sam's jeans are on the line.

Poppy tient sa robe.

Poppy is holding her dress.

la chaussette
sock

la robe
dress

le jean
jeans

le chapeau
hat

Le verger The orchard

Sam fait de la balançoire.

Sam is on the swing.

Madame Boot est montée sur une échelle.

Mrs. Boot is up a ladder.

Poppy, attrape !

Poppy, catch!

Un renard se cache derrière l'arbre.

A fox is hiding behind the tree.

l'échelle
ladder

la balançoire
swing

le renard
fox

l'arbre
tree

la pomme
apple

le **poulailler**
hen house

le **panier**
basket

le **ver de terre**
earthworm

la **pelle**
spade

l'**œuf**
egg

la **brouette**
wheelbarrow

Sam nourrit les poules.

Sam is feeding the hens.

la **plume**
feather

le seau
bucket

la poule
hen

le poussin
chick

l'écuelle
dish

la souris
mouse

la paille
straw

19

la
remorque
trailer

le sac
sack

le tournevis
screwdriver

le siège
seat

la boîte
à outils
toolbox

le marteau
hammer

Ted répare
le tracteur.

Ted is mending the tractor.

le tracteur
tractor

la peinture
paint

la clé plate
spanner

la corde
rope

le volant
steering wheel

Nourrir les poules

Feeding the hens

Compte les œufs.

Count the eggs.

Ce poussin a faim.

This chick is hungry.

Une poule est perchée tout en haut.

One hen is sitting on top.

Sam apporte à manger dans un seau.

Sam brings feed in a bucket.

l'œuf	le poulailler	le poussin	le seau	le panier	la poule
egg	hen house	chick	bucket	basket	hen

Réparer le tracteur

Mending the tractor

Ted répare le tracteur.

Ted is mending the tractor.

Sam tient le marteau.

Sam is holding the hammer.

Poppy peint la remorque.

Poppy is painting the trailer.

le tracteur
tractor

le marteau
hammer

le sac
sack

la remorque
trailer

la locomotive

engine

les rails

tracks

le signal

signal

24

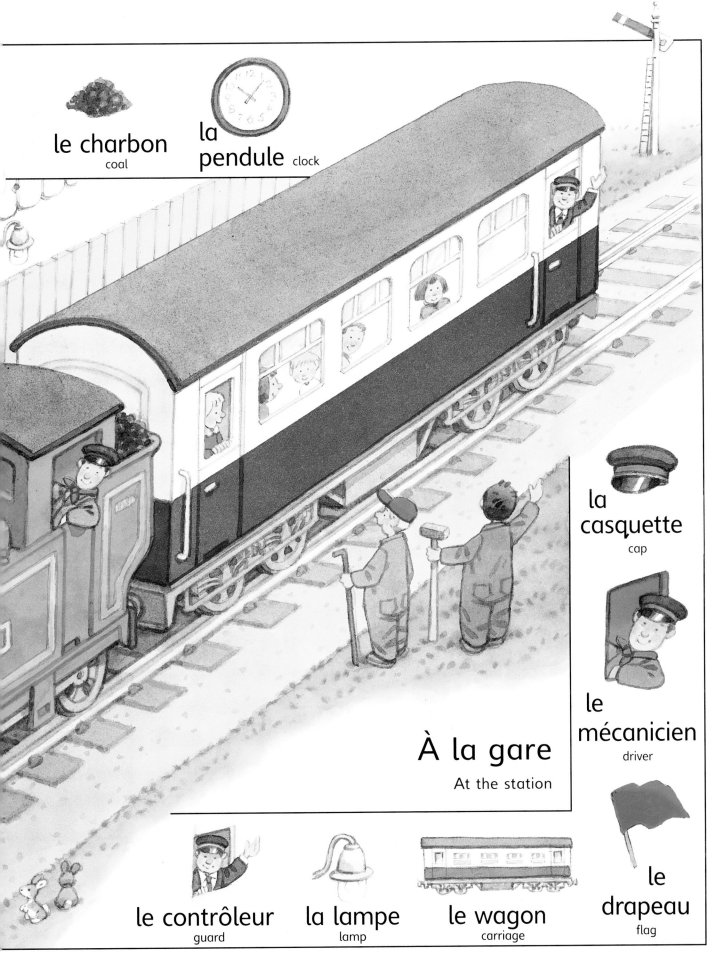

le charbon
coal

la pendule clock

la casquette
cap

le mécanicien
driver

À la gare

At the station

le contrôleur
guard

la lampe
lamp

le wagon
carriage

le drapeau
flag

25

le château
de sable
sandcastle

les cheveux
hair

le
coquillage
shell

la main
hand

les pieds
feet

les
lunettes de soleil
sunglasses

les brassards
armbands

26

la glace
ice cream

la tête
head

le ballon
ball

la serviette
towel

le panier
basket

le crabe
crab

Poppy et Sam
sont à la plage.
Poppy and Sam are at the beach.

La gare The station

Voilà la locomotive.
There's the engine.

Le contrôleur sourit.
The guard is smiling.

C'est l'heure du départ.
It's time to go.

Madame
Boot agite
son drapeau.
Mrs. Boot waves
her flag.

la
pendule
clock

le
mécanicien
driver

le wagon
carriage

le
drapeau
flag

le
contrôleur
guard

la
locomotive
engine

À la plage

At the beach

Sam a enfilé ses brassards.

Sam has put his armbands on.

Madame Boot peigne les cheveux de Poppy.

Mrs. Boot is combing Poppy's hair.

Monsieur Boot est enterré dans le sable.
Seuls sa tête et ses pieds dépassent.

Mr. Boot is buried in the sand. Only his head and his feet stick out.

les brassards
armbands

les cheveux
hair

la tête
head

les pieds
feet

29

les pommes
de terre
potatoes

le raisin
grapes

les cerises
cherries

les petits
pois
peas

la carotte
carrot

les tomates
tomatoes

les fraises
strawberries

le chou
cabbage

les champignons
mushrooms

les oignons
onions

les prunes
plums

la poire
pear

les haricots
beans

Madame Boot, Poppy et Sam vendent des fruits et légumes.

Mrs. Boot, Poppy and Sam are selling fruit and vegetables.

le concombre
cucumber

le chou-fleur
cauliflower

la salade
lettuce

la **couverture**
rug

le **chocolat**
chocolate

l'**orange**
orange

l'**assiette**
plate

le **gâteau**
cake

le **couteau**
knife

le **yaourt**
yogurt

Poppy et Sam font un pique-nique.

Poppy and Sam are having a picnic.

le **parasol**
umbrella

le **pain**
bread

la **banane**
banana

le sandwich
sandwich

la bouteille
bottle

le jus de
fruits
fruit juice

la fourchette
fork

la tasse
cup

le fromage
cheese

Les fruits et légumes Fruit and vegetables

Madame Boot prend une grappe de raisin.

Mrs. Boot is picking up a bunch of grapes.

Sam a des pommes de terre et des salades dans sa brouette.

Sam has potatoes and lettuces in his wheelbarrow.

Combien de choux Poppy tient-elle ?

How many cabbages is Poppy holding?

Curly va-t-il manger la tomate ?

Is Curly going to eat the tomato?

le raisin
grapes

les choux
cabbages

les pommes de terre
potatoes

les salades
lettuces

les tomates
tomatoes

Le pique-nique

The picnic

Poppy a renversé la bouteille.

Poppy has dropped the bottle.

Madame Boot a du fromage sur une assiette.

Mrs. Boot has some cheese on a plate.

Sam se verse du lait.

Sam is pouring himself some milk.

la bouteille
bottle

le fromage
cheese

le couteau
knife

l'assiette
plate

le lait
milk

l'ordinateur
computer

le téléphone
telephone

le journal
newspaper

la photo
photo

la cassette vidéo
video

le tableau
picture

Poppy lit un livre et Sam joue avec son ordinateur.

Poppy is reading a book and Sam is playing on his computer.

la radio
radio

le crayon
pencil

la télévision
television

la table
table

le CD
CD

le stylo
pen

l'appareil photo
camera

la chaîne stéréo
stereo

la chaise
chair

37

les chaussons
slippers

l'oreiller
pillow

le lit
bed

le nounours
teddy

le livre
book

le savon
soap

38

la brosse
brush

le store
blind

le peigne
comb

le miroir
mirror

le lavabo
basin

C'est l'heure
d'aller au lit.

It's time for bed.

la poupée
doll

la brosse à dents
toothbrush

les toilettes
toilet

39

À la maison

At home

Poppy lit un livre.

Poppy is reading a book.

Voilà le téléphone.

There's the telephone.

Sam joue avec son ordinateur.

Sam is playing on his computer.

Papa lit le journal.

Dad's reading the newspaper.

le livre
book

le téléphone
telephone

le journal
newspaper

la table
table

l'ordinateur
computer

Au lit !

Bedtime!

Le nounours de Poppy est sur l'oreiller.

Poppy's teddy is on the pillow.

Sam saute sur son lit.

Sam is jumping on his bed.

Le savon est sur le lavabo.

The soap is on the basin.

Poppy se brosse les dents avec sa brosse à dents.

Poppy is brushing her teeth with her toothbrush.

le lit
bed

la brosse à dents
toothbrush

le nounours
teddy

l'oreiller
pillow

le savon
soap

le lavabo
basin

Le temps
Weather

la neige
snow

le soleil
sun

la pluie
rain

le brouillard
fog

le vent
wind

Les saisons Seasons

le printemps
spring

l'été
summer

42

l'arc-en-ciel rainbow

l'orage storm

le verglas
ice

les nuages
clouds

l'automne
autumn

l'hiver
winter

Les couleurs
Colours

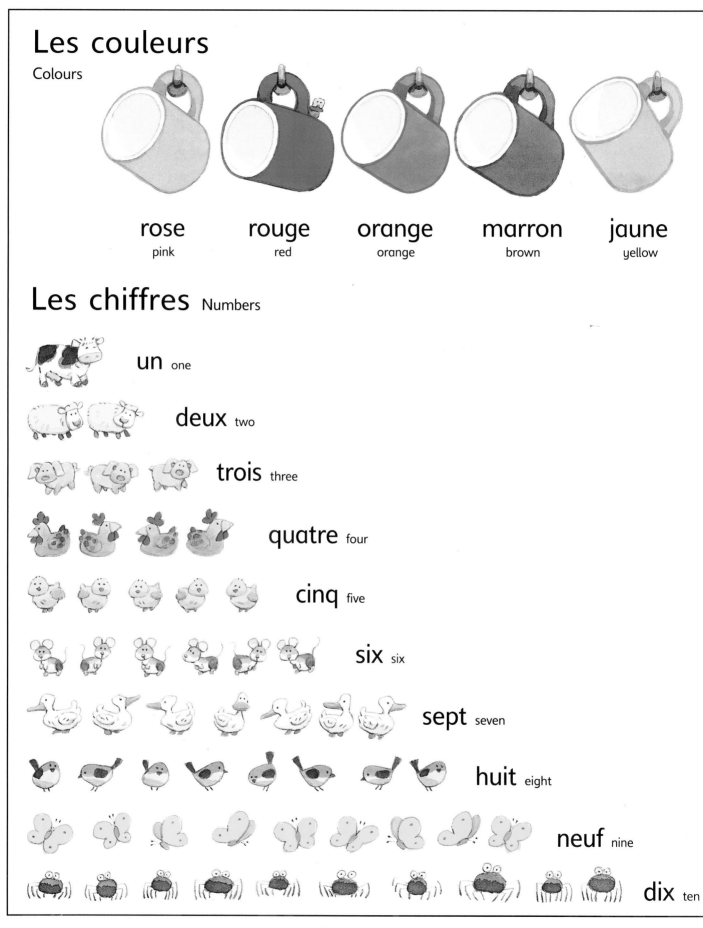

rose pink **rouge** red **orange** orange **marron** brown **jaune** yellow

Les chiffres Numbers

un one

deux two

trois three

quatre four

cinq five

six six

sept seven

huit eight

neuf nine

dix ten

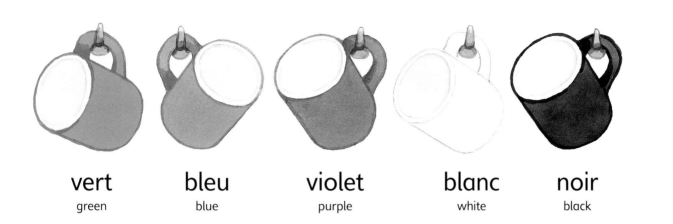

vert
green

bleu
blue

violet
purple

blanc
white

noir
black

Il y a cent chiens sur cette page.

There are 100 dogs on this page.

dix 10

vingt 20

trente 30

quarante 40

cinquante 50

soixante 60

soixante-dix 70

quatre-vingts 80

quatre-vingt-dix 90

cent 100

Word List

l'abeille	le CD	le concombre	les haricots
l'agneau	les cerises	le contrôleur	l'hiver
l'âne	la chaîne stéréo	le coquillage	huit
l'appareil photo	la chaise	la corde	jaune
l'arbre	les champignons	le couteau	le jean
l'arc-en-ciel	le chapeau	la couverture	le journal
l'assiette	le charbon	le crabe	le jus de fruits
l'automne	le chat	le crayon	le lait
la balançoire	le château de sable	la culotte	la lampe
le ballon	les chaussettes	Curly	le lapin
la banane	les chaussons	deux	le lavabo
le bateau	les chaussures	dix	le lit
blanc	le chemin	le drapeau	le livre
bleu	la cheminée	l'échelle	la locomotive
la boîte à outils	la chemise	l'écuelle	les lunettes de soleil
la bouteille	la chemise de nuit	l'épouvantail	Madame Boot
les brassards	la chenille	l'escargot	la main
la brosse	le cheval	l'été	la maison
la brosse à dents	les cheveux	la fenêtre	la mare
la brouette	la chèvre	la feuille	marron
le brouillard	le chien	la fleur	le marteau
le caleçon	le chocolat	la fourchette	le mécanicien
le canard	le chou	les fraises	la meule de foin
le caneton	le chou-fleur	le fromage	le miroir
la carotte	cinq	le gâteau	Monsieur Boot
la casquette	la clé plate	la glace	la montgolfière
la cassette vidéo	le cochon	la grenouille	le mouton

46

la neige	la pluie	le sac	les toilettes
neuf	la plume	la salade	le toit
noir	la poire	Sam	les tomates
le nounours	le poisson	les sandales	le tournevis
le nuage	la pomme	le sandwich	le tracteur
l'œuf	les pommes de terre	le savon	trois
l'oie	le pont	le scarabée	un
les oignons	Poppy	le seau	la vache
l'oiseau	la porte	sept	le veau
l'orage	le portillon	la serviette	le vélo
l'orange	le poulailler	le siège	le vent
l'ordinateur	la poule	le signal	le ver de terre
l'oreiller	la poupée	six	le verglas
la paille	le poussin	le soleil	vert
le pain	le printemps	la souris	violet
la palissade	les prunes	le store	la voiture
le panier	quatre	le stylo	le volant
le papillon	la radio	le sweat-shirt	le wagon
le parasol	les rails	la table	Whiskers
le peigne	le raisin	le tableau	Woolly
la peinture	la remorque	la tasse	le yaourt
la pelle	le renard	Ted	
la pendule	la rivière	le tee-shirt	
le petit cochon	la robe	le téléphone	
les petits pois	rose	la télévision	Can you find a
la photo	rouge	la tente	word to match
les pieds	Rusty	la tête	each picture?